KB251979

테네시 강가에서 노을을 보며

시인 최정선은 서울 출생으로 중앙대 문예창작과 졸업. 한국교원대대학원에서 국어를
전공. 미국 Regent University에서 박사학위를 받았다.(Ledership 전공)
한국문인협회 회원이며 대학에서도 강의하였고 2004년 3월 1일 서울에서 초등학교 교
장으로 명예 퇴직하고 현재는 미국에서 거주하고 있다.

테네시 강가에서 노을을 보며

최정선 시집

1판 1쇄 / 2005. 1. 10
발행처 / 말씀과만남
발행인 / 최 헌 근
등록번호 / 제20-444호
등록일자 / 1991. 6. 19

138-220 서울특별시 송파구 잠실동 339-3
Tel : (031) 594-6327, Fax : (031) 594-6328
전자우편 : mmpress@hanmail.net

ISBN 89-7508-150-8

정가 : 7,000원

잘못된 책은 바꾸어 드립니다

테네시 강가에서 노을을 보며

최정선 시집
Choi J. Sun Poetry

말씀과만남

책머리에

한 평생 정든 고향 서울을 훌쩍 떠나 미국 테네시 주 차타누가로 이민봇짐 3개를 들고 왔다. 잘한 일인지 결정을 잘못했는지 아직은 확실치가 않다. 와중에 다 늙어서 고향을 떠나 무슨 낙이 그리도 많겠느냐는 친구들의 아우성 소리가 아직도 쟁쟁하게 들린다. 그런 만류도 뿌리치고 사는 곳이 곧 고향이 될 거라고 큰소리 치고 온 것이다. 나무를 옮겨 심어도 몸살을 앓고 난 후에 뿌리가 내리거늘 시간이 필요하리라 생각된다.

환경을 바꾼다는 것, 그것도 피가 펄펄 끓는 젊음이 있는 것도 아닌데 커다란 모험이요, 결단인 것은 분명하다.

삶은 내가 만들고 가꾸고 변화시키는 것.

또 다른 세월 앞에 옷깃을 여미며 본다.

그들이 지켜보고 있다는 의식보다는 살아온 날들보다

떠나야할 시간이 짧기 때문이다.

> 이곳은 새들이 많아 좋다.
>
> 테네시 강이 언제나 흐르고
>
> 물새들이 놀며 바람도 쉬었다 가는 키 큰 나무들
>
> 내게는 신선하고 맑은 공기와 테네시 강이 있어
>
> 적잖은 기쁨이요, 매력 또한 준다.
>
> 하나님께 감사드린다.

이민 사회는 우리나라에서 보고 느낀 것 보다는 참으로 바쁘게 산다. 검소하게 살고 주어진 일에 충성을 다하며 정직하게 사는 모습에서 한국인의 긍지마저 엿볼 수 있다.

어느 곳에서 살고 있던지 중심이 서 있고 하는 일에 보람이 있으면 족한 것인가 보다.

한 평생 세월은 길지도 짧지도 않은 성 싶다.

교직 생활만 하여서 바깥 세상에 무딘 편이나 서로가 돕고 이해하며 감싸주어야 될 것 같다. 언제까지 이곳에 머물지 모르겠지만.

6번째 시집 『테네시 강가에서 노을을 보며』를 궁금해 하는 특히 서울 친구들, 윗분들, 동료와 후배 그리고 사랑하는 제자들에게, 병풍처럼 고운 서울 S.T 연구회와 문학 회원에게도 보내고 싶다.

이번 시는 형식을 갖추지 않고 이곳의 모습을 엮는데 주력하였다.

> 1부 아름다운 자연
>
> 2부 새로운 삶
>
> 3부 노을처럼 곱게
>
> 4부 태양처럼 뜨겁게
>
> 5부 겸손한 마음으로

총78편의 시를 실었고 특히 5부는 신앙 시로 썼다. 그리고 곁들여서 영문으로 옮겨 놓았다. 번역한 교사, 컷 그린 이녹 선생, 아름다운 책을 엮어 준 말씀과 만남 직원께도 감사드린다.

최근에 찍은 나의 모습과 테네시 강 그리고 내가 매일 새 소리 들으며 잠을 깨는 보금자리 집도 아울러 싣는다.

테네시 강가에서

최 정 선

01

아름다운 자연

새로운 삶

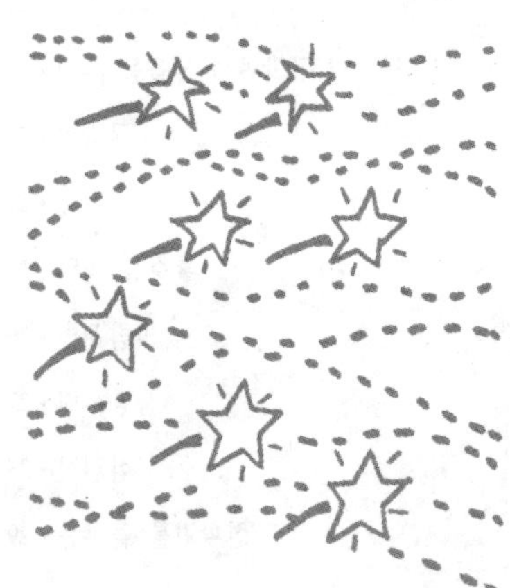

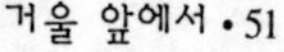

03

노을처럼 곱게

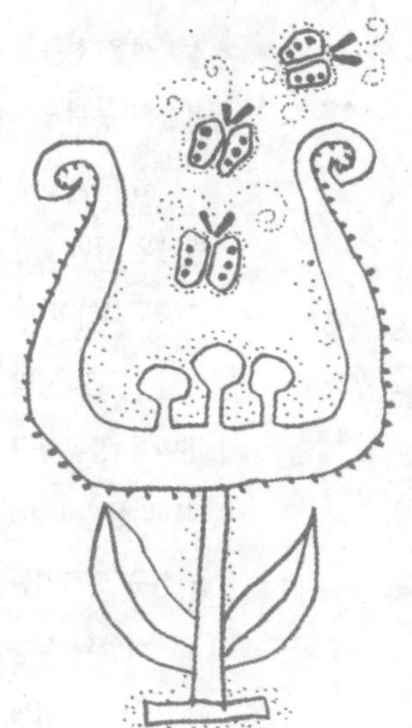

태양처럼 뜨겁게

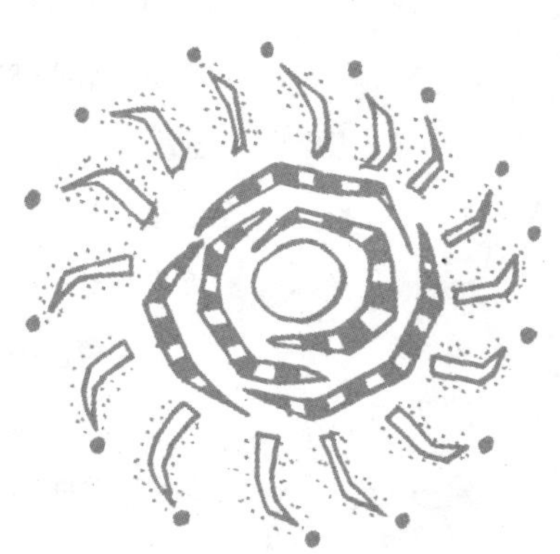

01

아름다운 자연

숲길

하늘이 없다
빽빽한 숲
얼마쯤 걸었을까
빠금히 보이는 신선한 하늘
새들이 오가고
길섶에 다람쥐가 놀고
상큼한 바람도 쉬었다가는
맑은 공기를 마시며
아름다운 자연의 숲길을 걷는다

새소리 들으며

이토록 깨끗한 자연
넓디넓은 초원에서 마음껏 마실 수 있는 공기
키 큰 나무들 사이에서 속삭이는 소리
희한한 노랫소리를 들려주는 새들
축복받은 나라
흐르는 개울물에서 헤엄치는 물고기 떼
새소리와 어울려 장관이다
그런데
갑자기 뿌우연 서울 하늘이 생각난다

국화 차 한잔

현관 앞에 놓인 두 개의 의자

잔디와 화단의 꽃밭을 보며

여유롭게 앉아 본다

노란 국화가 동동 물 위로 뜨는 찻잔

홀짝 홀짝 마시며 음미해 본다

까치가 지나가며 까악 댄다

한가로운 나의 모습이 좋아서 일까

장미 한 그루

농원에 사는 분이 준 장미
꽃은 무슨 색깔일까 궁금했는데
어느 날 얼굴을 쏘옥 내밀고
파란 줄기에서 나왔다
새빨간 꽃 한 송이
정열적인 주인을 닮아 보인다
아, 이제는 내가 주인이 되었구나
정열!
장미 한 그루가 건넨 기쁨이
이렇듯 마음의 벅참인 것을

잔디를 깎은 후

텁수룩한 수염처럼

예서제서 잡초들이 솟았다

비 온 뒷날은 더욱 더 그러하다

잔디를 깎는다

얼굴에 땀이 줄줄

잔등에서도 땀이 송글송글

한 바퀴 신나게 돌고나면

키가 똑같이 평준화가 된다

늙으면 인물도 직업도 학벌도

모두 평준화가 된다는 생각에 웃음이

골고루 깎아야 볼만한 잔디다

아직은 서툰 솜씨

그래도 깎고 나면 마음까지도 시원해진다

흰 구름 둥둥

어디쯤 가고 있는 걸까

어디서 오고 있는 걸까

나그네 인생살이도 구름처럼 흘러가는

둥둥 세월만 가는 것은 아닌지

말없이 움직이는 구름을 보며

인생살이 덧없음도 느끼나

아름다운 흰 구름 속에

둥둥 꿈을 실어 보낸다

이웃

이사 온 날은 오전
동네선 아무도 만날 수 없는
텅 빈 길. 텅 빈 듯한 집들
저녁 때 옆집 부부를 만났다
뒤이어 또 몇 집 건너 사는
인디아 사람도
이웃의 고마움을 새삼스레 맛본다
사람을 만났다는 기쁨일까
좋은 이웃, 서로 더불어 사는 동네이길

테네시 강가에서 노을을 보며

나무 많고 경치가 수려한 강가
산꼭대기 집들과 강가의 집이 어울린
키다리 나무 사이로 잎이 바람에 움직이고
멀리 지나는 그림 같은 배들도 멋스럽고
테네시 강물의 빛깔도 곱다
아! 찬란한 노을까지도
가슴 벅차게 매료되게 한다
노을은 인생의 끝이 보이는 게 아니라
또 다시 시작의 표징이다
오늘 하루를 감사한다
하루 종일 다닐 수 있음도 감사한다
무조건 감사한다 노을을 볼 수 있음까지도
새 소리를 들을 수 있음도
테네시 강가에 와 있음까지도
내일 아침 태양은 다시 솟을 테지!

다람쥐

우리 집 뒤뜰, 100년쯤 된 나무에 놀러오는 단골손님

오물오물 무언가 먹기도 하고

싫으면 뱉어버리기도 하고

어느 때는 빤히 쳐다보기도 하면서

귀여운 두 발로 재롱도 부리다가

냉정히 획 달아나는 놈

그래도 보이지 않으면 기다려지는

동물도 정들면 모두 벗이 되는 것을

노랑꽃

화단에 귀엽고 작은 백일홍

키가 10cm도 못되면서 노랑꽃이 피었다

벌써 60일째 그 모습

이상하다

어떻게 저렇게 작은 몸에서 꽃이 필 수 있을까

빛을 받고 물 먹고 맑은 공기 탓일까

식물의 신비함이 가득

자연의 순리와 이치를 깨닫게 한다

호수를 돌며

신선한 바람

멀리 산꼭대기에 그림 같은 집

나뭇잎이 호수에 무수히 떨어지고

큰 나무는 그림자로 물위에 떠 있다

얼마나 많은 고기들이 놀고 있겠나

호수를 바라보며 생각에 잠겨보고

물새들의 끼룩거리는 소리를 들으며 걷는다

아름답고 평화로운 곳이다

바람개비

잔디위에 꽂힌 철 막대기 하나
옆집과 우리 집의 경계선이다
막대기에 끼워놓은 바람개비는
바람이 불 때면 휙휙 잘도 돈다
잔디를 지키는 귀염둥이
어느 날은 한 점 바람 없어 쉬고 또 쉬고
바람만이 그의 가슴을 움직이게 한다
세찬 바람은 정열적으로 돌게 한다
씽 – 끝없이 돌고.돌고
신나게 활기찬 모습이다

풍경소리

앞마당 의자에 앉아
처마에 매달아 놓은
잠자리 두 마리가 위, 아래에 있는
길쭉한 쇠붙이를 바라본다
소슬 바람에도 잔잔한 소리를 내다가
바람이 심할 땐 소리를 지르며 몸부림친다
삶의 모습이다
평온할 수만은 없는 각자의 삶
평안한 태평성대를 기대하기도 하는
그러기에 살아가는 모습도 다양한게다

새 집에서

서울 새장같은 아파트에서 살다가
가슴이 탁 트이는 집을 마련했다
방3개, 차고2, 그런 것만 이곳은 묻고
그 외엔 눈으로 본다
나의 집은 1600sf 몇 평?
뒤엔 크고 작은 16그루의 나무들
앞엔 잔디, 꽃을 심고 장미 줄기도 올려주었다
보금자리가 바뀐 날은 잠 못 이루었다
커다란 방엔 침대와 T.V 스텐드를 놓고
얼굴을 만질 수 있는 거울과 화장품을
거실에는 쇼파와 T.V
컴퓨터 방엔 작은 책장과 서랍 장식장, 스텐드
또 하나 방엔 매트리스를 놓고 덩그마니 시계가 있다
주방엔 식탁, 스텐드 식탁…냉장고엔 음식이 가득
산다는 보람까지 느낀다
새로움은 때로는 활력이 되는 것인가 보다

전화기를 들고는

서울 먼저? 아? 너무 늦은 시간이겠군

다시 시카코 언니 댁으로

따르릉–

신호음이 울리는 순간부터 즐겁다

오늘도 잘 지냈냐는 안부부터

그래서 한 피로 태어난 우리는

서로가 한마음으로 이해가 되는 사이

나보다는 상대를

나보다는 이웃과 나라를 위해

늘 기도하시던 인자하신 모친이 생각난다

모친을 닮아가기 위해

전화기를 들고는 피차 옛날을 기억해 보는 것이다

달력을 걸며

새해 첫날 설레던 때가

눈 깜짝할 사이에 몇 장 떼어냈다

가는 세월 앞에 누구도 붙잡지 못한다는

유행가 가사가 아니라도

아무도 세월을 거스려 볼 수는 결코 없다

이제는 자중해야 한다

달력을 다시 걸며

걸어 온 발자취를 뒤돌아 봐야 될 나이

책임지고 거울 앞에서 얼굴을 볼 수 있어야 한다

겸허한 가슴으로 바르게

남은 생이 얼마나 될지 모르지만

따스한 이웃이 되고 싶다

언제라도 거르지 않고 이야기를 나눌 수 있는

그런, 편안한 이웃이 되어주고 싶다

02

새로운 삶

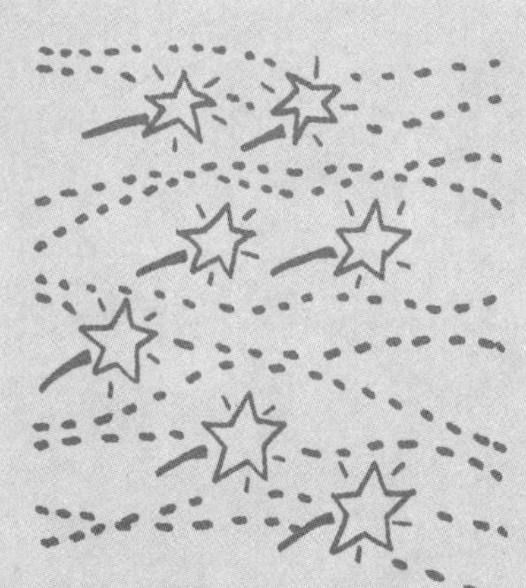

비행기 안에서

언제나 그렇듯이 수백 명이 가득

각국 사람 아기부터 노인까지

표정도 각양각색

옷차림과 앉아 있는 모습도 아주 다르고

조용히 스크린을 보거나 잠을 자기도 한다

서성이며 몸을 비틀기도 하고

애써 여유 있어 보이는 척하는 모습도 보인다

구름 구름들

온통 하얀 카펫트 위를 달리는 비행기

짐은 얼마나 많고 사람은 얼마나 많은가

비행하는 동안은 누구나 한마음이 된다

찬란한 태양이 비취는 하늘마저도

신비하고 신비하다

새 가구를 사고

그릇 몇 개 냄비와 후라이팬 사고나서
매일 매일 쭉 잠을 잘 침대를 고른다
매트리스를 고르고, 분위기 있는 갓 스탠드도 고른다
T.V를 보며 딩굴 긴 쇼파도, 허리를 편히 할 의자도
책상같이 쓸 큰 식탁도 마련한다
모두가 새것
새 집에서 새 물건 사람만 늙은 고물이다
그런데 기쁨은 배가 된 듯
1년 동안은 집 마련 기쁨이 지속된다던데
참으로 신나는 일이다
새 가구를 이용하면서
새로워질 수 있길 기대해 본다

쓸쓸함 보다는 기쁨이

복잡한 곳에서 바빠 잠잘 시간도 없던 나
낮 하루가 모자라 밤 늦게까지
만나서 웃고 떠들고 먹고 마시던
질서 없는 성 싶긴 해도 그때는 그때가 좋았다
이제는
한적한 곳에서 한없이 고요함을 느껴야 한다
휴양지에서 단조롭게 보내야 하는 날들
친구가 없다
무슨 이야기도 나눌 수 있는 친구
친구의 소중함이 재인식되는 곳이다
쓸쓸함 보다는 기쁨으로 여기며
복잡한 것에서 머리 깨끗해지는 단조로움으로
친구보다는 사색을, 묵상를 즐기며
홀로서기를 배워야 한다
한적함도 기쁜 마음으로 여길찌니

오솔길을 걸으며

오래전 150년 전 남북 전쟁 종결지

처참했을 그 곳엔, 침묵만이 세월 지나갔음을 말해준다

전쟁 도구들, 기념탑, 묘비 등

정숙한 마음으로 한 바퀴 돈다

넓은 공간엔 소리 없는 절규가 있고

전쟁은 무서운 것임을 암시하고 있다

그곳을 나와 오솔길을 걷는다

멀리서 사슴이 지나가고 발 앞엔 다람쥐가 논다

풋풋한 풀냄새 맡으며

그들을 생각해 본다

구천에 떠도는 영혼들이여 평안히 잠드소서

아침이슬

잔디 위에 꽃잎 위에 내려앉은
이슬이 맺혀 아침을 감칠맛나게 한다
간밤에 내렸나
새벽녘에 뿌렸나
아침 공기 마시고 이슬이 되었나
유난히 상큼한 아침
잔디를 밟으며
이슬이 맺힘을 실감해 본다
넓은 잔디정원
이슬이 쉬었다 가는 평화로운 곳

동네길 산책

해가 지려는 무렵이면

동네 한 바퀴 돈다

30분 걷고 나면 땀이 나고

냉 콜라 한 캔이 시원함을 더해준다

이 동네엔 젊은이가 많다

옆집도 신혼부부

애기 데리고 걷는 이

누렁개, 검둥개, 모두 걷는다

걸으면서 익힌 얼굴, 동물

하나씩 늘어가고 있다

활기 찬 새 동네

우리 집 첫 방문자 시카코 언니와 함께 걸어서

저절로 신바람 나는 산책 길

기도 모임

우리 동네에 신실한 신자부부

기도 제목이 있는 이들과 모이면 손에 손잡고

위해서 기도해 줄 때는 눈물이 난다

1962년에 우리나라에 군인으로 갔었다는 그

초가집 사진을 보여 주며 용천리란다

그 후 한국엔 못 가보았지만

아름다운 추억이 있단다

친절한 한국인, 불고기 맛도 생각난단다

오랜 세월이 지났어도 간직한 석장의 한국사진

조국이 무언지 가슴이 찡한 게 그리워진다

영어 선생님

미국인 42세쯤 되는

남편은 이스라엘 인이란다

인근 교회에 월요일 오전이면 나타난다

발음을 교정해 주고, 한 마디라도 더 해주려고

애쓰는 모습이 역력하다

교수법은 자신의 교수법이지만

외국인을 사랑하는 마음은 아주 크다

자신 말처럼 전 인구가 가족이란다

모든 게 여유롭고 돕는 손길이

보기 좋고 아름답게 느껴진다

새벽잠

늙어서까지 늦게 자고
늦게 일어나고 싶은 나쁜 습관
한 평생을 그리 살았으니
저녁이면 눈이 말똥말똥
그때부터 하고 싶은 것을 시작한다
새벽기도, 시계를 두어개씩 머리맡에 놓고
신경쓰다 깨어보면 새벽 3-4시
조금만 더 자자. 그러고 나면 둥근 해가 중천에
습관 때문에 본의 아닌 모습이 가끔 있다
꿀맛인 새벽잠을 초저녁 잠으로 바꿀 순 없나

꽃을 심으며

마음이 쓸쓸해 질 때는 꽃을 사온다
앙징스런 조그만 꽃부터 몇 그루 심고나면
한결 마음이 깨끗해 지는성 싶다
해만 나오면 얼굴을 내미는 노랑 포트라카
나팔꽃 같은 꽃도 저녁이면 오므라든다
꽃도 자기 생긴 그대로 동작한다
사람도 때론 자기 멋대로 일 때가 많다
꽃을 심으며 자연을 배운다
순리대로 사는 법을 터득해 본다

옆집 고양이

뒤뜰에 나가면 의자 위에서 빤히 쳐다보는
고양이 큰놈 세 마리
게다가 새끼 세 마리
야외용 식탁과 의자는 그놈들의 것이다.
거의 그곳을 지키며 산다
새끼가 어쩌다가 우리 집 쪽으로 오면
엄마는 얼른 제지하고 자기 집을 지킨다
동물도 자식을 그토록 사랑하거늘
인간은 오죽하랴
신께서는 더더욱 말해 뭣할까

뒷집 노인

우리 집 뒤뜰에 작은 문을 만들었다

동네 길을 길게 돌아야 되는 뒷동네

문을 열자마자 컹컹 짓는 개 한 마리

옆에는 백발의 노인이 의자에 나와 앉아 있다

올해 90세. 아직은 천천히 걷고 움직일 수 있다

자기 말만 하고 내가 하면 귀가 잘 들리지 않는단다

2층에는 딸이 살고 아래층엔 자기가 사용하고

35년간 살아온 정든 집

요즘 개는 자기의 유일한 벗이라고

나보고 자주 오라고 한다

내겐 듣기만 하는 연습도 필요할테니까

노인이 나오지 않는 날엔 몹시 궁금해진다

지상을 떠날 날도 그리 멀지 않았을테니

그에겐 내가 곁에 앉아 있어주는 것도 도움이 되겠지

그가 떠나는 연습을 하는 것처럼

나도 어느새 떠나는 연습에 익숙해져 간다

자동차로 달리며

아직 동서남북도 모르는 내가

오전부터 기름이 바닥 날 때까지 달리기로 했다

어디쯤 갔을까

하늘이 보이지 않는 숲길

차를 세우고 한없이 걸어본다

나무 사이사이로 빠끔히 보이는 하늘

관광이 따로 있나

아주 마음껏 즐길 수 있으면 되는 것을

콧등이 빨갛게 타고 땀이 난다

다시금 넓은 땅임을 확인해 본다

메일 BOX

갈색 벽돌 가로 3장 세로 눕혀서 19장

네모로 쌓아 올린 후 전기 불을 올려놓았다

매일 열어보는 편지함

연신 날아오는 돈 내라는 청구서

체크에 쓴 후 보내온 봉투에

우표를 부쳐 BOX안에 도로 넣어 둔다

빨간 깃대를 세우면 "여기 편지가 안에 있음"표시다

은행에 가도 아무도 없다

상담할 일이나 현금(cash)을 찾을 때만 간다

집에는 언제나 우표가 많아야 한다

보낼게 늘 있기 때문이다

참으로 편리하고 합리적인 나라다

뒤뜰 나무를 자르고

산속은 아니어도 나무가 많다
내가 작은 나무 세 그루 자르고
이번엔 장정 3명이 아침부터 시작
나무를 자르면 한 사람은 줍고
즉시 기계차로 옮겨지면 가루가 된다
너무 큰 몸통은 차에 싣고
4그루 자른 흔적만 해도 엄청나다
아직도 더 나무를 베어야 될 듯
지붕위에 떨어지면 홈이 막히고
태풍에 나무가 넘어질지도 모른다고
휑해진 뜰에는 햇살이 가득 담겨 있다

초원에서

가을도 아닌데 잡초가 1m 가깝다

온통 잡초가 무성한 넓은 벌판

가운데 사잇길로 사람이 산을 향해 간다

까치가 몰려와 놀고 나비가 날고 메뚜기가 뛰고

금방 내려앉을 것만 같은 구름덩어리

솔바람에 펄럭이는 나무 잎

자동차에 싣고 온 의자에 앉아

잡초 속에서 나도 잡초가 되어본다

아귀다툼하는 인간 세상과는 거리가 먼

그냥 조용하다. 온갖 새소리 외엔 적막함 그대로다

오늘 하루 새들과 이렇게 지내고 싶구나

03

노을처럼 곱게

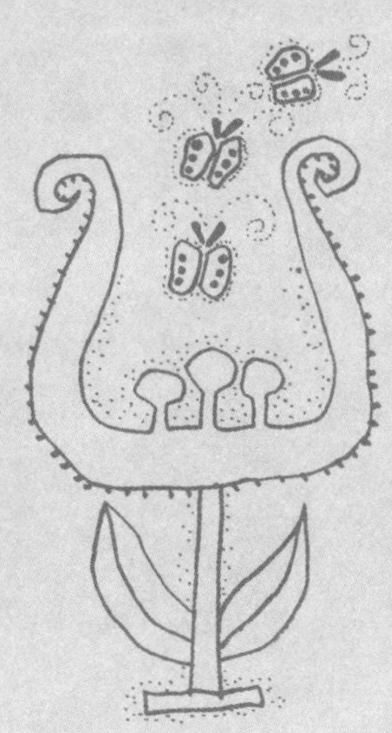

거울 앞에서

머리를 빗고 또 빗고 하던 사춘기 시절

그런 때도 있었나 싶다

거울 앞에서 바라본다

언제 세월이 이렇게 흘러

지나온 날보다 지상을 떠날 날이 가깝다니

얼굴에는 주름살

늙어가는 피부

튼튼하던 다리도 약해져 가고

논쟁을 벌려보던 정열도 없어지고

그냥 주어진 일에나 하는 것 뿐

거울 앞에 설 때마다

고상하고 품위 있는 노년의 모습이고 싶다

아쉬움과 보람이

김 선생님
긴 세월 교단을 지키면서 살아온 인생
이제 보람을 안고 떠나는 교육자의 길
우리 모두 존경의 박수를 보냅니다
뿌려놓은 씨앗은 곳곳에 열매 맺어 흩어져 있고
떠나시는 아쉬움은 크지만
보람의 흔적이 남아 있기에 그것으로 달래렵니다
또 다른 길목에 서서
힘차고 멋지게 정진하십시오
더 좋은 일이 있음을 기대하고
취미생활 즐기시며 건강하게 지내세요
그 동안의 공적을 다시 한 번 기리며
보람의 결정 정년을 축하합니다

Y 교장님께

한 평생 교육자로 보내신 긴 세월

영광의 결실 맺어 정년을 맞으시니

흘러간 세월은 보람되고 자랑스런 결실을 맺으셨고

혼신의 힘 기울여 일구신 흔적 또한

곳곳에 보석처럼 남아 있습니다

언제나 인자하고 따스한 미소로 대하셨고

하시고자 하는 일은 밀고 나가는 추진력도

교육을 위해서라면 굴하지 않으셨던 분

이제는 모두 후배들에게 물려주시고

아름다운 추억을 더듬어 보면서

취미생활, 여가선용 즐겁게 하십시오

환경이 바뀌면 더 좋은 일이 일어날 것도 기대하면서

새롭고 힘차게 정진하십시오

보람의 결정체 정년을 축하합니다

교장 선생님, 우리 모두 "사랑 합니다."

살아온 세월

얼마나 긴 세월이었나
농사지어 놓은 것도 없는데
신의 도우심으로 이제까지 살고 있다
잘 한 것도 별로 없고
특출한 공적도 없다
그냥 혼자인게다
지상에 살 동안은 쓸쓸하지 않게
살아온 세월보다 아름다워야 하는데
노을처럼 평온하고 곱게
남은 세월을 보내고 싶구나

들꽃처럼 아름다운 분

젊음을 모두 교직에 바치고

이제는 아름다운 노년을 바라보고 계신

주위 사람을 사랑하고 배려하는 모습이며

옳은 일과 교육을 위해서라면 굴하지 않고

추진력 있고 세밀하게 일처리 하시는 놀라운 분

들꽃처럼 향기 있고 청초한 모습이

아마도 구석구석 화석되어 남아있을

정갈하고 단아한 모습은

이따금씩 영화 필름 돌듯 생각나는 분

컨트리 음악

조용한 클래식이나 복음성가를 듣다가
가끔은 어깨춤이 절로 나오는
컨트리 음악이 좋을 때가 있다
매일 똑같은 음식보다는 시원한 냉면 등
별미를 만들어 먹어보는 맛이라고 할까
집안에 음악 소리가 가득
조용한 공간의 시간도 좋지만
차 한 잔 마시며 음악 듣는 시간은
삶의 기쁨이요, 활력소다

향수 노래 들으며

오랜만에 서울 생각

마음이 쓸쓸해지면 정지용 시 향수를 듣는다

가사가 유난히 좋기 때문이다

"넓은 벌 동쪽 끝으로

실개천이 휘돌아 나가고

얼룩 배기 황소가 해설 피–"

다들 어찌 지내고 있나

그들을 훌쩍 떠나온 나

누구 말처럼 친척도 없는 곳에 왔으니

그렇다고 서울서 바쁘고 힘들게 하던 일처럼

그런 일감도 없고

물 흐르는 대로 바람 부는 대로 지내야 된다

다 늙어서 왔음에도 때론 갑갑한 곳이다

이곳은 젊어서 와서 터 잡고 사는 곳

아직은 출퇴근하는 빡빡한 스케줄이 나은 것 같다

어쩌랴, 견뎌 보는 수밖에

향수 노래는 오늘따라 더 고국이 그립게 만든다

새 옷을 입고

봇짐에는 아직 입어 보지 않은 옷이 있다

매일 출근하던 서울 아침처럼

바쁠 것도 급할 것도 없는 삶이다

미국에서의 생활은 검소하고 정직한 듯

여유 그 자체의 동작

모두 내 것으로 익히기엔 시기상조

언어가 그렇고 삶이 그렇고 문화까지도

새옷을 입으면 낄낄거리며 멋지다라고 표현해줄 동료도

이젠 냉정해야 한다

새옷이면 어떻고 헌옷이면 어떠랴

깨끗하면 되는 것을

향수 한 방울에 기분이 상쾌해진다

E-mail 읽을 때 마다

어느새 가 있는 서울

내 곁에 있는 친구와 동료 후배 또 제자들

보고 싶다. 진정 보고 싶다야

컴퓨터의 신기함과 과학의 힘이란

지구촌이 모두 옆집이다

재미난 세상

조용한 밤은 신나는 나의 무대

답장 쓰고 편지도 쓴다

아무 이야기를 써도 잘 헤아려 주는 친구에게

시간가는 것도 모르고

컴퓨터에 앉아 골고루 정보도 얻는다

생각할수록 재미있고 놀라운 세상

옆집 젊은 부부

20대쯤 되었을까
잔디를 유난히 푸르고 깨끗하게
물주고 비료주고 꽃 가꾸고
여자보다는 남자가 더 애착을 갖는다
집안에 들어오라고 해서 갔더니
여자는 말(horse) 수십 가지를 모아서 진열했고
차고엔 남자의 미니카부터 끝내주는 정리정돈
이웃을 잘 만난 것은 복이다
나도 그들처럼 정원에 물주고 비료를 준다
비료를 너무 주어 잔디가 군데군데 죽었다
시행착오도 공부려니
푸른 잔디가 멋있을 날도 오겠지
싱싱한 젊음을 보며 지난날을 더듬어 본다

인디언 친구

초저녁에 가끔은 함께 산책한다

40대 중반 여인과 그의 친구

힌두교를 신실히 믿어 집안에 신전 모델이 있다

그는 언제나 "먹을 것을 주랴"라고 묻는

마음씨 따뜻하고 좋은 사람

큰 집에서 혼자 산다고 늘 "부자!"란다

허긴 서울 좁은 아파트 살다가 뜰이 있는 집이니

아무튼 전 세계 사람이 친구가 될 수 있다

언어 다르고 생김이 다르지만

웃고 울고 노래하는 모습은 동서양이 똑 같구나

이름은 "벨리" "아니다"

"아니다"는 언제나 no라고 했더니

깔깔거리며 웃는다. 이가 하얗다

태풍

바람이 세차다

키 큰 나무들이 덩실거리며 춤을 추고

견디지 못한 잔가지는 아래로 떨어진다

어디서부터 오는 바람일까

흔적도 없이 몰려왔다 몰려가는

비바람이 심해 전기가 끊어진 시카고에는

가냘픈 촛불을 켜고 있단다

비오고 바람 불고

온천지가 어수선하다

자중하며 책을 읽는다

바다

변함없이 출렁이는

파도의 술렁임

흰 포말을 그리며

줄기차게 뻗어나간다

힘차게 갈매기 날고

파래 낀 돌 위로

쉬었다가는 바람아

끝없는 이야기 나누자

정겨운 가슴을 열자

공간 속에 차가운 바람

오랜날들 멈추었던 이야기 속에

너와 내가 살고 있음을 안다

지루하지 않았던 바닷가 이야기

세찬 바람타고 봇물이 된다

언제나 출렁이는 파도

멋진 바닷가에서

조개를 줍듯 추억을 담는다

호수를 보며

분수에서 힘차게 솟는 물줄기

그 아래엔 둥둥 오리떼

하늘엔 새들이 오가고

소슬바람도 머물다가는

한적하고 평화로운 곳

구름도 뭉게뭉게 몰려서 놀다간다

동네 검둥개 주인과 나와 걷고

키 큰 나무위엔 새들이 몰려와 논다

꽃이 핀 호숫가

맑은 공기

천국이 따로 있나

여긴 지상의 파라다이스

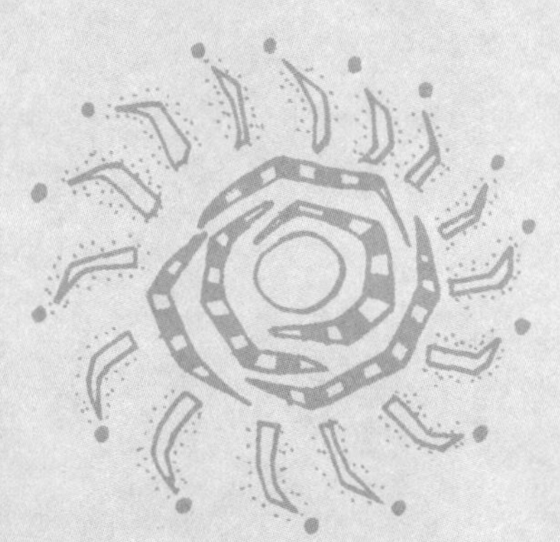

그리움은

강물이 마르지 않고 흐르는 것처럼

그리움은 물줄기 같은 것

언제나 그리운 마음 크고

접어지지도 않는 안개 속에 퍼져 있다

그리움도 마음껏

뜨겁게 그리워 해보자

그리움이 타서 없어질 때까지

그리움은 때론 약이 될 수도

무미한 일상 보다는 훨씬 매력이 있다

안부전화

중학교 시절부터 s선생님을 만났다
교생실습 할 때는 여대생 졸업반
선생님과는 40여 년 간 친 형제처럼 지내온 사이
가족이 늘고 머리가 허연 나이임에도 한결같으시다
책 냈다고 축하해 주시고 승진했다고 축하하셨고
미국 간다고 말씀드렸을 때는 거금을 주셨다
이곳에 와서 전화 나오고 정신 차렸을 때
"흑석동이지요?" 몇 마디 했을 때 번호 묻고는
당신이 뒤이어 전화해 주신 깊은 배려
객지에서 하는 전화라서 그러시는 마음 쓰심에
한 동안 감사의 마음을 지녀본다
이제껏 베풀어 주신 은혜
어찌 다 잊겠습니까
선생님 가족 모두 더욱 행복하십시오
안부전화 제가 올리겠습니다

휴스턴 친구

20년 전 쯤 유학 왔을 때
그는 이미 의사의 아내로서 터잡고
교회에 충성봉사하고 있는 신실한 장로부인
우리나라에서 대학 생활 중에
둘 다 친구인 그들을 만난 게 얼마나 좋은지
정신과 육체가 건강한
그가 미국으로 떠났어도 항상 생각나던
내 유학 생활 3년 중 즐거움을 준 그들
비행기 왕복표를 사주고 텍사스주 구경시켜 주던 일
의사는 연가를 내고 내외가 종류별로 음식을 사주고
태양열 주택 2층 방은 나를 위해 고치고 닦고
며칠 동안 참으로 즐거웠다
용기를 주고 미국 생활을 이해하도록 도와준 친구
이제는 내가 미국에 살고 있다
내가 누구에게 그토록 잘해 줄 수 있겠나

L.A 영희

매일 궁금하고 보고 싶은 친구

자주 전화하면

"내가 전화 할게" 가끔은 그렇게 끊는다

여고 졸업 후 곧장 이민 간 그

가족 모두 잘 되고 내 친구도 건강하고

그의 집에 갔었을 때

아침에 일 가고 저녁 때 오면

온 정성을 다해 음식을 해 준다

꽃가꾸기가 취미인 친구

태평양 바다를 구경시켜주고

산꼭대기 집부터 여기저기 볼거리를 주던

그가 이곳에 놀러오지 못함은 할머니가 되어

귀여운 손자손녀를 보기 때문이다

젊어서는 일하고 늙어서는 아기보고

그것이 인간사 즐거움이겠지

오늘도 문득 친구가 보고 싶다

다이얼을 돌릴까 하다가 참았다

장거리 전화요금 등 낼게 너무 많아졌기에

아, 가을은

신선한 바람
갈잎에 한가로이 누워 본다
바스락거리는 나뭇잎 소리
키다리 나무들 사이에 잎들이 움직이고
소슬바람에도 떨어지는 잎새들 사이로
새들이 즐겁게 노래하며 오간다
상큼한 흙내음과 나무냄새
옆에 외롭게 누운 무덤에도
나뭇잎이 내려와서 동무하잔다
풍요로운 계절은 밤송이에서도
멀리 누렇게 달려있는 감나무에서도
가을은 늘 마음에 와 서 있다

서울 친구들

보고 싶은 친구야!

이곳에 오니 왜 그리 만나고 싶다냐

좀 더 자주 열심히 만나지 못할 때도 있었지

서울이 왜 이리 멀게 느껴지는가 몰라

저녁이면 이러쿵저러쿵 낄낄 거리며 웃던 시절

이곳엔 친구가 하나도 없다

깔깔거리며 웃을 수 있는 친구

참으로 보배였음을 이제야 안다

아무이야기나 거르지 않고 이야기 나눌 친구

그런 친구가 있었음 좋겠다

이곳에선 아직 관찰 기간이며 적응기간

어느 누구와도 나의 심경을 말할 수는 없다

그냥 묵묵히 지낸다

푸른 하늘이나 강가에서 자연과 벗함이 차라리 좋다

서울 친구들아 보고 싶다! 늘 잘 지내라구. 안녕

동물들이 놀러오고

잔디밭에 빨간 깃을 단 새 한 마리
나무 가지에서 내려다 보는 다람쥐
옆집 고양이 놀러오고
어디선가 나비까지 두 마리 날아오고
오늘은 웬일?
거기다가 장미꽃에 앉아 있는 벌 한 마리
무미한 시간 속에
너희들이 있음은
순간의 기쁨을 주는 것
동물도 곤충도 모두 친구로구나

음악과 인생

막 꺾어온 들풀 꽃병에 가득
솔 향 냄새나는 초록색 초에 불이 켜지고
향 좋은 커피도 한 잔 쯤
잔잔한 클래식 음악
무아의 경지에서
창밖엔 달이 휘엉청
음악소리 더 정겹게 들리면
아, 살맛나는 순간
밤도 깊어간다

비디오 영화 2편

인근 도서관에 갔다
재미있는 것은 C.D, 카셋트 테잎, 비디오 테잎도
책과 같이 모두 빌려준다
"여자의 이야기" "정원의 비밀"
다 듣지는 못하지만 화면과 같이 어울려
대충 내용을 알게 된다
넉넉한 나라
도서관에서는 외국인을 위해
무료로 영어도 가르쳐 준단다
갔다온 사람이 전하는데 노인이 무료 봉사한단다
무언가 남을 돕겠다는 이곳 사람들
일한다는 건 좋은 일이다. 건강해지는 비결이기도

시작이 반

무엇을 구상하고 고민 할 때 행복하다
제목을 생각하고 책을 엮어보고 싶다고 느낄 때도
벌써 시작된 거다
6번째 시집을 이곳에 올 무렵 생각 했다
"테네시 강가에서 노을을 보며"
책에 실릴 사진을 찾고, 글을 쓰고
시작이 반이라고 시도 많이 엮어가고 있다
삶은 지루하다 생각하면 한없고
무언가 골똘히 연구해 보고 밀고 나갈 때 기쁨인거다
숨쉬고 사는 동안 하고 싶은 일을
많이 많이 해야 된다
시작이 반! 1/2을 하였으니 만세다

깊은 밤

책상위엔 온통 낙서장
한 줄기 소나기 같은 시원함은
한 편의 시 완성에서 온다
그대가 그리운 밤
그대가 있어 행복하고
그대 때문에 글을 쓰고
아무런 느낌 없이 글을 쓸 순 없다
깊이 느끼고, 고치고, 다듬고,
그래도 마음에 안 들면 다시 원점
시 쓰는 시간은 이런 깊은 밤이다

전화를 걸고 싶다

때로는 누군가와 긴 대화를 하고 싶다
색깔 있는 이야기도 좋고
최근 읽은 책 이야기도 좋다
아무 이야기나 낄낄대며 웃고
배를 움켜잡고 웃을 수 있다면
하루의 피로쯤은 멀리 갈게다
사는 재미의 일부분 일테지
지금
전화를 걸고 싶다

보고 싶은 Bee

내가 그를 비라고 부르기 시작한 것은 오래다
감칠 맛 나는 대화와 매사에 열심이기 때문이다
틈나면 그림 그리고 고궁을 돌며 스케치하고
남의 작품도 감상하면서 자기 작품을 키워나가는
그의 작품은 내가 얻지는 못해 아쉽지만
나의 작품 세계를 인정해 주고 항상 격려를 하였다
이곳에 오고 보니 그가 얼마나 소중한 벗이었나 모른다
이름모를 새소리, 나뭇잎 움직이는 소리
멀리 떠가는 나그네 구름
태평양을 넘나들며
내가 아닌 내가 되어
진솔한 마음으로 그를 생각함은
해가 뜨고 별이 져도
여전한 우정일테지
Bee! 보고 싶다야

동문 p목사가 역주한 작자 미상의 글이 생각나서 소개한다.

〈시골 친구 편지에는〉 작자 미상

1.

봄에 시골 친구 편지에는
앞산 진달래꽃이 빨갛게 피었으니
한 번 다녀 가라하고 나는 다니러 간다하고
그러다가 봄은 지나가 버리고

2.

여름에 시골 친구 편지에는
앞 냇가 강 수욕이 시원하니
한 번 다녀 가라하고 나는 다니러 간다하고
그러다가 여름은 지나가 버리고

3.

가을에 시골친구 편지에는
마당가 감이 빨갛게 익었으니
한 번 다녀가라 하고 나는 다니러 간다하고
그러다가 가을은 지나가 버리고

4.

겨울에 시골 친구 편지에는
밤은 깊고 아랫목은 따뜻하니
한 번 만나 옛이야기 하자하고 나는 그러자하고
그러다가 또 한해는 지나가 버렸네

석양의 노을

어둠이 깔린 저녁 하늘

발그레 상기된 소녀의 볼

구름과 푸른 하늘 한줄기 빛으로 가로지른

희한한 자연의 모습

빛바랜 나뭇잎이 쌓인 언덕위엔

석양빛이 내려앉고

소슬 바람이 이는 초가을 저녁

어떤 시인은 가을을 노래하면서

"노을, 아름다움 그 자체"라고 했다

노을 속에 피어오르는 그리움

노을 그 자체도 그리움 같은 것

언제 보아도 환희를 준다

이별

헤어짐은 언제나 섭섭하다
정든 이들과 기약없이
'안녕' 하고 옮기는 발걸음
진실로 평소에 느껴보지 못한
애틋한 정을 다시 점검한다.
이별을 아쉬워하는 언어와 동작
표현은 제대로 못해도
눈빛에서 풍기는 마음의 늪에 있는 것 까지
모두 이별 뒤에 고마움이 된다
진정 고마움을 남겨주는 그대들이 있기에
차라리 이별은 아름다움이다

겸손한 마음으로

내 모습 이대로

약함 투성이의 나
부족하고 내세울 것 전혀 없는
하나님 자녀일 때 보다
내심의 감정이 더 중요한
관용보다는 자존심이 강한 나
베드로를 제자 삼으셨듯이
나를 자녀로 삼으신 주님
내 모습 이대로 사용하소서
많은 경험주시고
더 많은 깨달음 주시어
자녀다운 자녀로 살게 하소서
허물을 덮어주시고
풍성한 사랑을 주시는 주님
진실로 감사드립니다

As I am

I am in full weakness

With nothing to boast of

I choose to put my feelings in my mind

With self-respect instead of generosity

Lord

Take me as I am

Make me, as Peter, a disciple

Let my experiences lead to understanding

And keep me as Your child

Thank You, God

For forgiving my sins

And giving me abundant love

기도하는 성전

많은 사람 가운데 택하신 백성들

부르짖는 간구마다 귀 기울여 주시고

풍랑을 잠재우시듯

세파에 쫓겨 사는 이들을 도우소서

몸 된 주님의 성전은

모두가 성결한 마음으로

미움 버리고

교만 버리고

서로 돕고 사랑하게만 하소서

사는 날 동안 기도하며

풍랑을 이기게 하시고

주님의 사랑을 체험하며 살게 하소서

The Temple of Prayer

The chosen people among the many

Listen to their cries for help!

Help them in life's trials

Make their storms as still as You

Let us only help and love

In holiness discarding hatred

And arrogance as well

Help us pray all our lives

Calm our storms

And give us the experience

Of your enduring love

찬양의 은혜

피아노 소리
기타치고 드럼치고
영혼 깊숙이 부르는
은혜로운 찬양
기뻐 흠향 하소서
찬양이 언제나 충만케 하시고
찬양으로 기쁨 넘치게 하소서

The Grace of Praise

The sound of the piano

Of the playing guitar and drum

The graceful praise

Singing deep within the soul

Take delight in that

Be full of praise

Overflow with joy and praise

나그네 인생

풀과 같이 꽃과 같이 왔다가는 인생

강건하면 80세

그러나 오늘 부르시면

갈 수 밖에 없는 나약한 우리

주님이시여

나그네 인생이지만

즐겁고 보람되게 살게 하소서

할 일이 무언가 깨닫게 하시고

진실한 자녀답게 행동하게 하소서

A Life Like a Wanderer

Life coming and going

Like flowers

Like weeds

The length of our days is eighty

If we have the strength

There is no choice of whether to go

when we are called

Let us have something to live for

And help us to lead happy lives

Though life is a just a wandering

Let us realize what to do

Let us act as Your sincere children, dear Lord

농담까지도

지체 중 혀의 실수 없게 하시고
농담까지도 덕이 되게 도와주시며
농담이 오히려 힘이 되어서
마음의 기쁨을 느끼게 해 주소서
혀의 실수 없도록 도우시어
주님의 자녀임을 알게 하소서

Even Jokes

Let us not make mistakes

By misusing the tongue

Make even our jokes merciful

So that we can feel great joy

Let us make no mistakes with our tongues

상쾌한 아침

안개 뿌연 새벽공기
새소리 들리면 잠에서 깨어나고
맑은 공기 심호흡하면
더없이 좋은 아침
이 아침도 주님이 주신 것
지난밤에 단잠자게 하시고
또다시 하루를 여는 감사한 아침

A Refreshing Morning

I wake up with a birdcall

To fresh air in the mist of dawn

Taking a deep breath

This couldn' t be a better morning

This morning is what You give us

You gave us last night' s sound sleep, too

O, graceful morning, opening another day

낡은 사진

너무나도 오랜만에
지난 사진을 차근차근 본다
태어나 늙어서까지의 발자취
모두가 주님의 보호하심이었다
때마다 일마다 도우셨던 주님
머리카락 하나 상하지 않게
보호해 주셨던 주님
사진속의 추억보다 더 귀한 주님이셔라

Old Pictures

I look at the old pictures one by one, in ages

Marked from my birth to my older self

All that is Your protection

Preserver of even my single hair

O, how much more precious You are

Than reminiscence in these pictures

낮에 해처럼 밤에 달처럼

복음성가를 부를 때
꼭 마음에 걸리는 가사가 있다
"주는 것보다
받을 사랑만 계수하고 있으니
오, 주님 나를 도와 주소서"
사랑을 베풀기 보다
사랑 받는 것을 좋아하는 나
주님께 용서를 빈다

A Gospel Hymn

Whenever I sing a certain gospel hymn

I have some words to feel uneasy about

Why am I counting blessings rather

Than what I give to others?

O, please help me, Lord

It is better to give than receive

Forgive me, Lord, and forgive this song

모친의 흔적

이 세상에서 가장 사랑했던 분

문득 밤늦게 기도하시던 모습이 생각난다

젊어서는 하루도 빠지지 않고 다녀오시던 새벽기도

연로 하신 후엔 주로 잠자리에서 오랫동안 기도 하셨다

이웃과 나라와 민족까지

자녀들과 당신의 편안한 세상 떠나는 찰라를 위해

그 기도 덕분에 내가 살고 있음이다

모친의 역할은 크다

모든 자녀가 신앙인이 되었으니

모친의 흔적이

장래 내가 남기고 싶은 흔적이다

Mother's Trace

All at once I see the image of my mother

Who I loved the most in this world

Praying late at night

Not a day passed in her youth without this

Early morning prayer

In her old age she would pray in bed hours on hours

For neighbors, all nations, all people

Her children and her comfortable last moments

Thanks to her all those prayers, I live like this

My mother' s trace marks

What I would like to leave for the future

닮아가는 연습

어느 곳에서 살던

주님 닮아가게 하소서

장애물 없게 하시고

닮아가는 연습에 틈이 없게 하소서

사탄이 기회보지 않게 보호해 주시고

어제보다는 오늘이

오늘 보다는 내일이

훨씬 발전적임을 느끼게 하소서

닮아가는 연습 중에 행복하게 하시고

행복함이 나타나게 하소서

주님의 자녀임을 만인이 알게 하소서

A Practice to Emulate

No matter where I live

Please help me to be like Jesus

Let me not have any obstacles

Don' t give Satan chances to attack me

Help me feel better today than yesterday

Tomorrow more than today

Make me happy in my practice

And help me to show great happiness

Letting everyone know I' m Your child

화단의 꽃처럼

파란 잎과 줄기에서

어떻게 저런 멋진 꽃봉오리가 맺힐까

화안하게 꽃이 핀 모습

이미 얼굴을 쏘옥 내민 키다리 보라색 노다지꽃

키 작은 채송화

어찌 이리도 아름다울까

남을 즐겁고 기쁘게 해 주는 너

고맙구나. 고마워

사람도 꽃처럼 남을 기쁘게 해야 된다

잔디의 잡초처럼 잔디모습으로 끼어있지 않게 하소서

온전한 사람으로 꽃 향기나게 하소서

꽃처럼 기쁨을 나누게 하시고

메마른 심령에 단비가 되게 하소서

Like Flowers in the Flower Bed

How could those beautiful buds be born

On the green leaves and stems?

I expect them to be in full blossom, beautifully

Tall, violet bellflowers, short portulaca

Already stick out their faces

Bringing delight to the garden

How thankful and jubilant they are

We have to make others feel glad

Please help us not to be the weeds among the lawns

Let us carry the fragrance of flowers

Please help us share our joy like flowers

In the long-awaited rain that quenches the thirsting

soul

물과 공기와 태양은

조건 없이 주시는 것
그럼에도 항상 잊고 사는
물, 절대로 없어서는 안 되는 것
공기, 몇 초 동안도 참지 못하고 죽을 수밖에
모든 것을 자라게 하는 햇빛 또한
이 얼마나 큰 선물인가
지금부터라도
새삼스럽지만 감사하며 살자
작은 것 주고도 생색내는 우리네 인생
물과 공기와 태양처럼 겸손히 살자
조건 없이 받은 것 생각하며 감사하게 하소서

Water, Air, and Sun

Something You give us without conditions

In spite of that, we always forget

The miracle of necessary water

The air without which we cannot stand

Until we come to die

The sun that makes everything grow

With nothing new to say, let us give thanks

Let us live a humble lives like water, air, and sun

Giving thanks for all these things, unconditionally

이 시간

숨 쉬는 이 순간도
가슴깊이 감사하게 하소서
이제까지 지켜주신 주님 은혜
온몸으로 감사하게 하소서
건강하고 글 쓰는 재주 주심을
온 영혼으로 감사하게 하소서
입술로 말하는 것보다
신실한 생활로 살게 하시고
메마른 땅에 뿌린 단비처럼
유익한 삶 되게 하소서
이 시간도 감사하게 하소서

This Time

Let them give thanks deep in the mind

For this time of breathing

And let me thank God with all my heart

For grace, for protecting me until now

Help me thank You for giving me health and words

Please make me live a sincere life

Rather than living only by the words of my lips

Let me thank You for giving me this moment

You arrive like a long-awaited rain to dry land

뜻대로 하소서

어느 때는 세상에 온 목적이 무언가

하고 싶은 일이 안 될 때

사는 재미가 없을 때

사람에게 실망하고 쓸쓸해 할 때

무슨 목적이 있어 사는가 싶을 때가 있다

어느 것 하나 내 뜻대로는

결코 한 발자국도 못 옮기는 것을 알면서도

때론 마음대로 해보고 싶음은

아직도 내 삶을 100% 주님께 맡기지 않음이니

1%의 내 생각도 버리고

주님 뜻대로 살게 하소서

신실한 주님의 자녀되게 하소서

Do As You Wish

Sometimes I wonder

"What is the aim in life?"

When something I want doesn't work

When I lose my interest in living

And when I am so disappointed that I feel lonely

I doubt the goal of my life

I realize I cannot do anything I wish

That there isn't one step I can take

Yet, once in a while I want to do as I wish

My life not committed completely to You

O, Lord, help me dismiss this temptation

And live as You wish and be Your faithful child

삶 그 자체

산다는 것
먹고 마시고 일한다는 것
삶, 그 자체가 축복이다
나보다 남을 낮게 여기고
상대방을 그의 위치에서 생각해 보게 하소서
남을 이해하게 하소서
어떤 생각을 하던
어떤 삶을 살고 있던지
바른 길로 인도하도록 기도하게 하시고
주님을 만나도록 좋은 조언자가 되게 하소서
삶이 본이 되게 해주시며
삶 그 자체가 행복이 되게 하소서

Life in Itself

Life in itself is a blessing

May I consider others better

Putting myself in another' s shoes

Make me understand other people

Whatever I think

No matter what life I have

Help me to pray that You lead me the right way

A good advisor bringing others joy

수족관

희귀한 바다 속 물고기

보고 또 보고 아무리 쳐다보아도 희한한

9,000여종의 물고기

조그만 틈으로 요리 조리 다니고

크고 둥그런 눈으로 이리저리

창조주의 놀라운 솜씨여라

루비 동굴 안은

길고 긴 터널에 전기 시설까지

몇 천 년이 지났을 희귀한 모양새

높은 폭포위엔 천정이 뚫려 있고

펑펑 쏟아 붓는 물줄기

모두가 놀라운 것이다

나약한 인감임을 느끼고

위대한 하나님께 두 손 든다

Tour to the Tennessee

In the aquarium

Are 9000 kinds of rare sea fish

Moving this way and that way with tiny eyes

Or here and there, with big round eyes

What wonderful skills the Creator has!

The cave of ruby

An odd shape that must have been there thousands of

years

A ceiling is opened from the high water fall

A jet of water stream pouring strongly through

All things are amazing

I realize again how weak we are

And I throw up my hands to creation' s Lord

기도

나의 일생이

주님만 섬기다가 가게 하소서

크신 사랑 가득 받고 떠나게 하소서

나그네 세상살이

행복하였노라고 고백하면서 감사하게 하소서

사는 날 동안은 말씀과 기도 속에

주님 품안에서 건강하게 해주시고

소명 있는 할 일이 있어

하나님 기쁘게 해드리도록 도와주소서

숨 쉬는 동안 주님만 섬기게 하소서 아멘

Prayer

Let me end my days after serving only You

Fully taking Your love

And help me go peacefully out of the world

Where I live like a wanderer

Make me thank You

Confessing that I have been happy

During my days of words and prayer

Keep me healthy in Your tender care

And help me to be a joy to You

Answering Your royal summons

Please help me to serve You every breath, amen